To miało być przed wami zatajone

REINKARNACJA

Dar łaski życia
Jaki jest cel podróży mojej duszy?

To miało być przed wami zatajone

REINKARNACJA

Dar Łaski Życia

Jaki jest cel podróży
mojej duszy?

Gabriele - Wydawnictwo
Słowo

Wydanie trzecie 2022 r.
© Gabriele-Verlag Das Wort GmbH
Max-Braun-Str. 2, 97828 Marktheidenfeld
Niemcy

Tytuł oryginału:
„Was Ihnen verschwiegen werden sollte:
Reinkarnation eine Gnadengabe des Lebens.
Wohin geht die Reise meiner Seele?"

S380TBPLPOD
Interpretacja tekstu
na podstawie oryginału niemieckiego.
Tłumaczenie autoryzowane przez
Gabriele-Verlag Das Wort GmbH
Wszystkie prawa zastrzeżone
Zdjęcie na okładce: © manu - Fotolia.com

ISBN 978-3-96446-361-6

Spis treści

Wprowadzenie

„Prachrześcijaństwo – za czy przeciw?". Pod takim hasłem jesienią 2007 roku kilku prachrześcijan w Życiu Uniwersalnym nagrało serię audycji poruszających istotne w obecnym czasie tematy, na przykład: „Katastrofa klimatyczna – czy nasz świat można jeszcze uratować" lub też „Dlaczego Bóg nie wkracza?". W toku nagrywanych rozmów, przy których obecna była i które w znacznym stopniu kształtowała Gabriele, prorokini i ambasadorka Boga dla naszych czasów, wydarzenia na świecie zostały naświetlone z perspektywy Wewnętrznego Chrześcijaństwa, Wewnętrznej Religii Jezusa z Nazaretu, która nie ma nic wspólnego z zewnętrznym demonstrowaniem władzy przez kościelne imperium.

Pojawiło się przy tym także pytanie: Czy ludzkość nie musi dzisiaj znosić czegoś, co sama spowodowała? To rozpoznanie jest mniej zdumiewające niż fakt, że tak mało ludzi uświadamia sobie, iż ich destrukcyjne lub obojętne postępowanie wobec przyrody i bliźnich nie może pozostać bez konsekwencji. Rozpowszechnione nastawienie „po mnie choćby potop", dowodzi fatalnego braku wglądu w duchowe współzależności, przede wszystkim w to, co dotyczy sensu ludzkiego życia, jego prapoczątku i celu. W tej kwestii zatajono przed ludźmi bardzo ważną duchową wiedzę, którą, nawiązując między innymi do wielkich proroków Starego Przymierza, przyniósł na tę Ziemię Jezus z Nazaretu.

Istotną część tej wiedzy Gabriele ujęła w stwierdzeniu: Czujemy, że nie jesteśmy z tego świata, lecz że ten świat jest jedynie stacją tranzytową dla każdego z nas, obojętnie czy jest się żebrakiem, czy królem. Czujemy, że pochodzimy z królestwa Bożego i przez Chrystusa, przez Jego Czyn Zbawczy, znowu powrócimy do domu Ojca, do naszego prawdziwego bytu, jako czyste istoty miłości z Boga.

Co się dzieje po śmierci ciała człowieka? Czy dusza człowieka może się ponownie wcielić – a jeśli tak, to w jakich okolicznościach i w jakim celu? Jak ta wiedza o życiu po śmierci, o karmicznych powiązaniach i reinkarnacji zniknęła z chrześcijańskiego Zachodu? Te zasadnicze pytania mają wielkie znaczenie właśnie teraz w obliczu światowej katastrofy klimatycznej – bo decydują o naszym nastawieniu nie tylko do własnego życia, lecz także do życia wokół nas.

Poniżej czytelnik znajdzie skróconą wersję dwóch rozmów na temat „Życie po śmierci" i „Reinkarnacja". Z tych rozmów powstał tekst, który włącza czytelnika w żywą rozmowę, w trakcie której wszystkie ważne zagadnienia nie tylko zostały poruszone, lecz – dzięki w pełni rozwiniętej duchowej świadomości Gabriele – w niezrównany sposób pogłębione.

Gabriele-Verlag Das Wort

Życie,
które sam wybrałem!

Zanim to ziemskie życie rozpocząłem,

było mi pokazane, jak tam będę żył.

Były tam troski, były utrapienia,

była tam żałość i brzemię cierpienia.

Była tam zdrożność, która mnie dopadła,

i zaślepienie, biorące w niewolę.

Była tam złość nagła i uraza długa,

były tam wyniosłość, pycha no i wstyd.

Ale były tam także i radosne dni,

pełne światła i przepięknych snów.

Kiedy milczą skargi i ustają plagi,

kiedy zewsząd tryska darów szczęścia zdrój.

Kiedy miłość, w szacie ziemskiej jeszcze uwięziona,

daruje błogość stanu uwolnienia.

Kiedy człowiek, wyzbywszy się ludzkiej udręki, czuje

się wybrańcem wyższych sił.

Pokazano mi to co złe i to co dobre,
pokazano mi pełnię moich braków,
pokazano mi ranę, z której krwawię,
pokazano mi aniołów pomocną dłoń.
A kiedy tak patrzyłem na me przyszłe życie,
usłyszałem istoty duchowej pytanie:
Czy masz odwagę przyjąć takie życie,
bo właśnie nadeszła godzina decyzji?

Odczułem raz jeszcze wszystko to, co złe –
i pewnym głosem dałem potwierdzenie
„Takie będzie życie, którym będę żył!",
i z ufnością przyjąłem nowe przeznaczenie.
Tak się narodziłem na tym świecie,
i tak się zaczęło moje nowe życie.
Nie skarżę się, gdy często mnie przygniata,
gdyż przed wcieleniem powiedziałem „tak".

(Autor nieznany, autorstwo przypisuje się Hermanowi Hesse.)

Skąd przychodzimy?
Dokąd idziemy?

Wielu ludzi przestało stawiać sobie te pytania. Zadowalają się informacją, że zostali spłodzeni przez rodziców i że teraz muszą się zmagać z życiem bez zastanawiania się nad jego sensem, nad sensem własnego życia. Każdy chce, żeby powodziło mu się dobrze i żeby mógł się cieszyć życiem. Pewnego dnia trzeba umrzeć. Co będzie dalej, to dla większości jest niejasne – o ile w ogóle wierzą oni w życie po śmierci.

Skąd właściwie bierze się ta obojętność i otępienie? Czy odpowiedzi Kościoła na te najważniejsze w życiu pytania są tak trudne do przyjęcia, że lepiej wcale nie wiedzieć skąd przychodzimy i dokąd idziemy? Według nauki kościelnej dusza człowieka powstaje w momencie zapłodnienia. O tym, co dzieje się z duszą później, decyduje krótszy lub dłuższy czas jej życia. Jeżeli dziecko przez chrzest zostało włączone do Kościoła, to wszystko zależy od tego, czy dorastający i dorosły człowiek jest posłuszny kościelnej nauce i czy przyjmuje oferowane przez księży sakramenty. Jeżeli tak nie jest, to duszy nieuchronnie grozi wieczne potępienie.

Kto nie przyjmuje całej kościelnej tradycji zarówno spisanej, jak i nie spisanej, ten niech będzie wykluczony. (Neuner-Ross, Wiara Kościoła w dokumentach zwiastowania nauki nr 85). A kto jest „wykluczony", ten według katolickiej nauki znajdzie się w wiecznym ogniu piekielnym. Kościół *...wierzy mocno, wyznaje i głosi, że nikt poza katolickim Kościołem – ani poganin, ani Żyd, ani niewierzący – nie będzie miał udziału w wiecznym życiu, będzie raczej skazany na wieczny ogień, który jest przygotowany dla diabła i jego aniołów, chyba że przed śmiercią przyłączy się do niego (Kościoła). (Jak wyżej nr 381)*

Nawet gdy nie traktuje się poważnie tej niewiarygodnej groźby, to jednak absurdalne jest to, że siedemdziesiąt lub osiemdziesiąt lat ziemskiego bytu ma zadecydować o całej wieczności. Podobnie absurdalne wydaje się przekonanie, że nieśmiertelna dusza ma być stworzona przez śmiertelnych rodziców.

Reinkarnacja
– prawiedza ludzkości

Znacznie bardziej przekonująca jest nauka o reinkarnacji. Wiara w ponowne wcielenie jest tak dawna jak ludzkość. Należy ona – według psychologa C.G. Junga – do archetypu wiedzy ludzkiej. Więcej niż połowa ludzkości uważa prawo przyczyny i skutku oraz możliwość wielokrotnego wcielania za coś oczywistego. Można to znaleźć we wszystkich kręgach kulturowych – a nie tylko, jak wielu sądzi, na Dalekim Wschodzie, na przykład w buddyzmie i hinduizmie. Tak zwane chrześcijańskie Kościoły potępiają reinkarnację jako dalekowschodnią naukę – z drugiej strony jednak przejmują techniki medytacji dalekowschodnich religii i włączają je do swoich instytucji. Z tego widać: Kościół pozbawiony jest kręgosłupa.

Opiera się poza tym na fałszywym twierdzeniu. Nauka o reinkarnacji była częścią greckiej filozofii, Pitagorasa, Platona, znana była również w Egipcie, ponadto zawsze pojawiali się i pojawiają ludzie oświeceni, poeci i myśliciele, dla których oczywistym założeniem jest, że możemy wielokrotnie żyć na ziemi, żeby się uszlachetniać. Za czasów Jezusa nauka o reinkarnacji była zawarta również w żydowskiej wierze ludowej. Żydowski religioznawca Szalom Ben Chorin pisze: *Pojęcie ponownego wcielenia było wśród ludności żydowskiej czasów Jezusa oczywistą wiarą ludową… Tak więc ludzie uważali Jezusa za jednego ze starych proroków, który przybył ponownie. (Ewangelia według Łukasza 9, 8 i 19). W Talmudzie często znajdują się godne uwagi zapisy, które wskazują na wędrówkę duszy lub wiarę w ponowne wcielenie, na przykład zdanie: „Mordechai to Samuel", co ma oznaczać, że Żyd imieniem Mordechai, wuj królowej Ester, jest ponownie wcielonym prorokiem Samuelem…*[1]

Również w czasach pierwszych chrześcijan krążyły liczne pisma, w których zakładano, że reinkarnacja istnieje.

I tak na przykład w *Pistis Sophia*, jednej z apokryficznych (ukrywanych) ewangelii, Jezus mówi w związku z powrotem duszy z zaświatów i ponownym jej wcieleniem w ludzkie ciało o tym, że dusza wychyla puchar zapomnienia.[2]

Sfałszowanie Biblii
i następstwa tego fałszerstwa

Te pisma, podobnie jak wiele innych, nie są zawarte w oficjalnym kanonie kościelnej Biblii. Powstający przy końcu drugiego stulecia Kościół władzy, którego nie ustanowił Jezus, postanowił określone teksty przyjąć, a inne odrzucić. Dopiero z końcem czwartego stulecia ten proces celowego wyboru (włączenia do kanonu) został zakończony.

W roku 383 Hieronim (345-420), autor Biblii, otrzymał od papieża Damazego I zlecenie spisania jednolitego, łacińskiego tekstu biblijnego. Powstała wtedy tak zwana Wulgata, łacińska Biblia, która po dzień dzisiejszy jest „sprzedawana" naiwnym ludziom jako autentyczne słowo Boże. Hieronim nie miał jednak do dyspozycji jednolitego tekstu. Dzisiaj znamy około cztery tysiące osiemset sześćdziesiąt greckich rękopisów Nowego Testamentu, wśród których nie ma dwóch identycznych. Teolodzy obliczają obecnie ilość tych wariantów na około sto tysięcy. Hieronim, który przy swojej pracy zmienił około trzy tysiące pięćset wersetów, pisał wówczas do papieża: „*Czy znajdzie się choćby jeden, który nie będzie na głos nazywał mnie fałszerzem i religijnym bluźniercą, ponieważ miałem śmiałość niejedno w starych księgach ewangelii dodać, zmienić lub opuścić*"?

<u>Co</u> zatem opuścił, <u>co</u> dodał i <u>co</u> zmienił? Należy założyć, że Hieronim – z jednej strony pod naciskiem swojego zleceniodawcy, papieża, z drugiej strony w staraniach o zyskanie akceptacji i robienia dalszej kariery w kurii – zataił wiele z nauki wczesnych chrześcijan, co do IV wieku było jeszcze szeroko rozpowszechnione i o czym Hieronim także wiedział. Przede wszystkim chodzi tu o wiedzę o reinkarnacji i o preegzystencji duszy. Hieronim bardzo dobrze wiedział, że ponowne wcielenie było częścią wczesnochrześcijańskiej nauki. W jednym ze swoich listów napisał on o wczesnochrześcijańskim nauczycielu Orygenesie (185-254), według nauki którego dusza człowieka zmienia swoje ciało. (Epistula 16) W innym znowu liście znajdujemy wypowiedź: Nauka o powrocie była od najwcześniejszych czasów… głoszona jako przekazywana wiara.[3]

Kolejny przykład: Hieronim twierdził, że było także znane wśród pierwszych chrześcijan znaczenie wegetariańskiego sposobu odżywiania się. Ten aspekt również nie został włączony do oficjalnego tekstu Biblii, mimo że Hieronim sam był wegetarianinem i oświadczył: *Do potopu jadanie zwierzęcego mięsa było nieznane. Od czasu potopu wpychano nam do ust włókna i cuchnące soki zwierzęcego mięsa... Jezus, Chrystus, który pojawił się, gdy wypełnił się czas, znowu połączył koniec z początkiem, tak że teraz nie jest już dozwolone jadanie zwierzęcego mięsa.*[4] W innym miejscu tego samego listu jest przez niego napisane: *Powiadam wam: Jeżeli chcecie być doskonałymi, to będzie dobrze... nie jadać mięsa.*[5]

Historyczne fałszowanie Biblii przez Kościół, które osiągnęło kulminacyjny punkt w pracy Hieronima, zaprowadziło ludzkość na skraj przepaści, która dzisiaj rozwiera się coraz szerzej. Przez zatajenie tej i innych części dawnej prachrześcijańskiej wiedzy rozpoczęła się dla wszystkich istot żyjących na Ziemi, jak również i dla samej Ziemi, niewyobrażalna duchowa katastrofa, która do dnia dzisiejszego ma wpływ na życie nas wszystkich. Jak potoczyłyby się dzieje ludzkości, gdyby większość ludzi wiedziała, że negatywne czyny w tym lub w kolejnym ziemskim życiu spadają z powrotem na sprawcę, o ile ten zawczasu za nie nie pożałuje i nie poprosi o przebaczenie. Czy byłoby wtedy tak wiele wojen „w imię Boga" – lub też bezwzględnego wyzysku przyrody, którego skutki dzisiaj przeżywamy?

Reinkarnacja w Biblii

Mimo tak masywnych manipulacji na tekstach biblijnych nadal niejedno można między wierszami wyczytać, tak więc uważny obserwator może znaleźć wskazówki dotyczące reinkarnacji i preegzystencji duszy. Być może te fragmenty przy „porządkowaniu" zostały przeoczone?

I tak w *Księdze Mądrości* (*Mdr 2*) znajdujemy opis „błędnych myśli" ludzi „bezecnych", a zatem tych, którzy odwrócili się od Boga. Taką błędną myślą jest: *Czas nasz jak cień przemija, śmierć nasza nie zna odwrotu: pieczęć przyłożono, i nikt nie powraca.* Oznacza to, że „prawidłową" myślą jest, że ktoś po ziemskiej śmierci może powrócić. W tej samej księdze (Mdr 8,19) znajduje się też wyraźna wskazówka na preegzystencję duszy. Salomon, który jest autorem tej części Biblii, mówi o sobie: *Byłem dzieckiem dorodnym i dusza przypadła mi dobra, a raczej: będąc dobrym wszedłem do ciała nieskalanego.*

Również w Nowym Testamencie mamy wskazówki dotyczące reinkarnacji. Jezus mówi o Janie Chrzcicielu: *On jest Eliaszem, który ma przyjść.* (Mat. 11,14) I dalej: *Lecz powiadam wam: Eliasz już przyszedł, a nie poznali go i postąpili z nim tak, jak chcieli.* (Mat. 17,12) W innym miejscu Jezus pyta swoich uczniów: *Za kogo ludzie uważają Mnie, Jezusa z Nazaretu, Syna Człowieczego?* Jego uczniowie odpowiedzieli: *Jedni za Jana Chrzciciela, inni za Eliasza, jeszcze inni za Jeremiasza albo za jednego z proroków.* (Mat. 16, 13-14). Współcześni Jezusowi Żydzi zakładali, że człowiek może się powtórnie wcielać.

W liście Jakuba (3,6), w oryginalnym tekście greckim, znajdujemy nawet pojęcie koło narodzin: *Język jest tą częścią, która całego człowieka niszczy i podpala koło wcieleń*. To oznacza: Jeżeli nie panujemy nad tym, co mówimy, to stwarzamy przyczyny, które mogą spowodować kolejne wcielenia. Ale kto dzisiaj otworzy Biblię, dozna rozczarowania: To pojęcie jest po prostu błędnie przetłumaczone, na przykład przez Lutra, słowami: Cały świat lub w jednolitym tłumaczeniu koło życia. (Kolejne przykłady znajdują się w czasopiśmie *Teolog nr 2 „Reinkarnacja", www.theologe.de/theologe2.htm*)

Jeżeli zapyta się teologów o te wskazówki, to przeważnie podają jeden werset listu do Hebrajczyków (9, 27-28), który ich zdaniem jednoznacznie zaprzecza reinkarnacji: *A jak postanowione ludziom raz umrzeć, a potem sąd, tak Chrystus raz jeden był ofiarowany dla „zgładzenia grzechów wielu", drugi raz ukaże się nie w związku z grzechem, lecz dla zbawienia tych, którzy Go oczekują.* Ale właśnie ten werset, jak okazało się przy dokładnej analizie, jest sfałszowany z późniejszymi dodatkami: Jeden, jedyny raz... poświęcony... grzechy odebrane. Jeżeli te słowa się usunie – i przetłumaczy zdanie poprawniej gramatycznie – to pojawi się zdanie o zupełnie innym znaczeniu: *Jak długo jest ludziom przeznaczone umierać, a po tej śmierci następuje sąd, tak długo też będzie się pojawiał Chrystus dla zbawienia tych, którzy Go oczekują.*[6] Co oznacza: Dopóki człowiek jest związany z kołem ponownych wcieleń, Chrystus będzie go wspierał, o ile przez boskie życie człowiek na Niego się skieruje. Zatem z takiego rzekomego dowodu przeciwko nauce o reinkarnacji, dzięki logicznym wnioskom wyłania się nagle kolejny dowód <u>na jej istnienie!</u> Ponieważ bez wiedzy o ponownych wcieleniach fragment: ...Jak długo jest ludziom przeznaczone umierać..., nie miałby żadnego sensu.

Potępienie Orygenesa

Jak żywa była nauka o ponownych wcieleniach we wczesnym chrześcijaństwie, dopóki nie padła ofiarą kasty kapłańskiej, widać na przykładzie wspomnianego już wielkiego, wczesnochrześcijańskiego nauczyciela Orygenesa (185-254). Bez wątpienia był on najbardziej znanym i najwybitniejszym uczonym chrześcijańskiej starożytności. Jego wiedza i życie przez trzy stulecia rozjaśniała duchowo cały obszar śródziemnomorski.

Orygenes, nazywany „Diamentowy", był na przykład pierwszym, który poddał krytycznej analizie teksty Starego Testamentu i dostępne mu ewangelie, porównując przy tym tłumaczenia na różne języki. Pod tym względem i wieloma innymi wyprzedzał naukę o około 1700 lat.

Jak wielu innych prachrześcijan również Orygenes stał się ofiarą prześladowania skierowanego wobec chrześcijan, które w roku 250 zarządził cesarz Decjusz w całym Cesarstwie Rzymskim. Orygenes zmarł cztery lata później na skutek ran odniesionych podczas tortur. Jak wszyscy prachrześcijanie, wiedział on o reinkarnacji. Jego komentarze do Ewangelii według Jana wskazują, że *pojęcie reinkarnacji jest jak najbardziej przekonujące.*[7] A w jego komentarzu do biblijnej historii Jakuba i Ezawa jest stwierdzenie: *Musimy przyjąć, że on [Jakub] otrzymał przez zasługi w jednym z wcześniejszych wcieleń pierwszeństwo przed bratem.*[8]

Preegzystencja duszy także należała do wiedzy rozpowszechnianej przez Orygenesa. Pozwólmy przemówić jednemu ze współczesnych Orygenesa, biskupowi Kyrill z Aleksandrii (185-254): *Gdyż on [Orygenes] powiada, że dusze istnieją przed wcieleniem, a ze świętych sfer popadły w złe pożądania i odpadły od Boga; z tego powodu On je osądził i wcielił je w ciała, i w swoim ciele znajdują się one jak w więzieniu.*[9]

Orygenes żył jednak już w czasie, w którym przekształcanie prachrześcijaństwa w instytucję władzy, budowaną z zewnętrznych rytuałów i pogańskich obyczajów, było w pełnym toku. Już za życia był obiektem wrogości – a po śmierci jego twierdzenia były stale przedmiotem zażartych walk wynikłych z różnicy zdań, przez co nawet jego zwolennicy stopniowo tracili sens jego pierwotnych wypowiedzi. Jego późniejszy tłumacz (z greki na łacinę) Rufin (345-410) sam przyznaje: *Tego, co wydawało się sprzeczne z innymi wypowiedziami Orygenesa i sprzeczne z naszą wiarą, nie tłumaczyłem, lecz pominąłem jako dodane przez innych i sfałszowane oraz ... dla wyjaśnienia dodałem to, co w innych jego księgach było jaśniej sformułowane na ten temat.*[10]

Pod koniec IV wieku pisma Orygenesa były podrabiane i systematycznie niszczone przez przedstawicieli Kościoła.[11] Z pism oryginalnych zachowały się do dziś nieliczne urywki. Pomimo to nauka Orygenesa rozpowszechniła się przez Ariusza (ok. 260-336) i Wulfilę (313–383) jako tak zwany „arianizm" na obszernych terenach Europy. Kościołowi taka herezja była solą w oku. Podburzył on wschodniorzymskiego cesarza Justyniana (482-565) do prowadzenia wojny przeciwko Ostrogotom we Włoszech, celem ich wyniszczenia. Przed tą niszczycielską wojną Justynian doprowadził do obłożenia nauk Orygenesa klątwą papieską na synodzie wschodniego Kościoła w Konstantynopolu w 543 r.– na ile były one jeszcze znane – w dziewięciu groźnie brzmiących klątwach, kończących się następującym zdaniem:

Ta klątwa dotyczy Orygenesa... jak również wszystkich jego ohydnych i przeklętych nauk, jak również każdego, kto podobnie myśli, broni tych nauk lub odważy się cokolwiek z nich w jakimkolwiek czasie zaprezentować.[12]

Chociaż reinkarnacji wyraźnie nie potępiono, za to zaprzeczono jednak preegzystencji duszy i *„przywróceniu do dawnego stanu wszystkich spraw"*, a więc nauce, że wszyscy ludzie i dusze powrócą kiedyś do Boga, co oznacza, że nie ma „wiecznego potępienia". W ten sposób przekreślono wczesnochrześcijańską naukę o reinkarnacji. Dlaczego tak się stało? Ponieważ wiara w reinkarnację zwalnia ludzi od wszelkich dogmatów i praw kościelnych. Dziesięć lat później uzupełniono klątwy o dalsze sześć i ponownie potwierdzono je na soborze w Konstantynopolu w 553 r.

Skutki negowania reinkarnacji

W ten sposób wymazano na dłużej Prawdę niebios. Gdyby Hieronim włączył do Biblii prachrześcijańską wiedzę o reinkarnacji, która zawarta była w pismach Orygenesa i w apokryficznych ewangeliach i udostępnił ją kulturze Zachodu, ostatnie 1700 lat przebiegłoby z pewnością zupełnie inaczej.

Ludzkość urzeczywistniałaby inne, wyższe etyczno-moralne wartości w życiu codziennym. Wiedza o reinkarnacji i o prawie siewu i zbioru zawiera w sobie odpowiedzialność za własne życie i postępowanie. Może Ziemia byłaby wtedy rajem, a Jezus, Chrystus Boży, założyłby już swoje zapowiedziane Królestwo Pokoju, bo ludzie żyliby zgodnie z Jego nauką i przykazaniami. Jednak zamiast nauki o reinkarnacji i miłości Boga do Jego dzieci, zamiast nauki, że Bóg mieszka w każdym z nas, że jest obecny we wszystkich sprawach życia, a także, że Ziemia jest miejscem doświadczeń dla upadłych dusz – jak nauczał tego Jezus, Chrystus, swoich uczniów, a tym samym i nas – Kościół ogłosił zewnętrzną naukę opartą na krwiożerczych ofiarach rodem z epoki kamienia oraz naukę o wiecznym potępieniu i o karzącym, okrutnym Bogu. Powstało papiestwo, czego Jezus nigdy nie chciał, a ludzkości gwałtem, ogniem i mieczem narzucono fałszerstwa Biblii, jak również papiestwo.

Takie wytyczenie torów przez panującą kastę kapłanów i posłusznych im arystokratów oraz polityków zaprzecza do dziś postępowaniu Chrystusa Bożego i dlatego nie służy Bogu lecz jego przeciwnikom.

Tak wielkie zafałszowanie prawdy przez Kościół bezsprzecznie na długo ukształtowało i wręcz zatruło świadomość ludzi Zachodu – a za ich pośrednictwem znacznej części ludności świata.

Zło zaczęło się od tego, że kasta kapłanów doprowadziła żywe jeszcze w prachrześcijańskich pragminach słowo prorocze do milczenia: *Mamy jednak mocniejszą, prorocką mowę, a dobrze zrobicie, jeżeli będziecie przy niej trwali jak przy lampie, która świeci w ciemnym miejscu, aż dzień zaświta, a gwiazda poranna wzejdzie w naszych sercach.* (2P 1,19) Przejęcie władzy przez kastę kapłanów, a tym samym przebiegunowanie prachrześcijaństwa w jego zaprzeczenie, nie udałoby się, gdyby ludzie w poprzednich stuleciach uwierzyli w proroctwo, dawane przez proroków Starego Przymierza i czynili to, czego Bóg nauczał przez prawdziwych proroków w Starym Testamencie. Kościół nie uzyskałby później takiej potęgi. Jednak proroków zawsze prześladowano i wielu z nich zabijano. Teraz pisze się i czyta o nich w książkach instytucji kościelnych – ale nie wprowadza się w życie tego, czego nauczali. Zachodzi więc pytanie: Czy Kościół naucza tego, czego nauczał Jezus?

Przeciwnie: Jezus występuje w Kościołach jako ciało na krzyżu. To nic innego, jak szydzenie z Jezusa, Chrystusa, który przyniósł nam wszystkim zwycięstwo, życie, zmartwychwstanie w każdym sercu, które zwraca się ku Niemu. Krzyż z ciałem, nieznany pierwszym chrześcijanom, służy siłom przeciwnym Bogu jako symbol Jego pozornej, rzekomej klęski.

Jezus nauczał miłości do wrogów; ostrzegał przed zbieraniem skarbów tego świata, zżeranych przez mole i rdzę; nie ustanowił księży, ani nie chrzcił niemowląt. Nauczał też: *Nie nazywajcie nikogo ojcem na ziemi, gdyż Jeden jest waszym Ojcem, ten który jest w niebie.* To była nauka Jezusa, Chrystusa.

Chrystus wypowiedział na krzyżu: *Dokonało się.* – Stało się. On przyniósł nam, ludziom, światło Ojca, siłę zbawienia. Czego więc jeszcze chce

Kościół? Do czego jeszcze potrzebne są sakramenty? Czemu ma służyć modlenie się do monstrancji, do figur świętych, do relikwii, tytułowanie człowieka „ojcem świętym", całowanie pierścienia splamionego krwią tak wielu ludzi – a także i zwierząt? Po co to wszystko, skoro Chrystus powiedział „Dokonało się"?

I tu powstaje pytanie: Jak wielka jest wina, która ciąży na tym Kościele? Ileż wojen nigdy by się nie odbyło? Ilu cierpień uniknęłyby przyroda i zwierzęta? Jak wyglądałaby dziś Ziemia, gdyby nauka o reinkarnacji i zrozumienie, że to, co człowiek zasieje, ponownie do niego powraca, dotarła do ludzkich serc wcześniej – w pierwszych stuleciach po Chrystusie? Czy musielibyśmy w ogóle mówić dzisiaj o zniszczeniu naszej planety?

Nadszedł jednak czas, w którym Chrystus Boży w proroczym słowie – dawanym przez Gabriele, nauczającą prorokinię i ambasadorkę Boga dla naszych czasów – ponownie darował i przybliżył ludzkości wiedzę o reinkarnacji. Już od prawie pięćdziesięciu lat Bóg, wszechpotężny, dobry Ojciec, ponownie mówi do swoich dzieci. On wprowadził nas, jak zapowiedział Jezus dwa tysiące lat temu, przez prorocze słowo w całą prawdę, na ile ludzie mogą ją zrozumieć.

Przesłanie Ducha Chrystusa Bożego dla wszystkich ludzi tego czasu wielkiego przełomu – Jego nauki, dawane przez Gabriele, zawierają wyczerpujące odpowiedzi na podstawowe pytania dotyczące naszego bytu, na przykład: Czy częściej żyjemy na ziemi? Jeżeli tak, to dlaczego i w jakim celu? Skąd przybywa dusza? W jakie cechy jest wyposażona, gdy się inkarnuje? Dokąd idzie, gdy odkłada swoją ziemską szatę? W jakim znajduje się wówczas stanie? I dokąd podróżuje dusza? Do jakiego celu dąży?

Reinkarnacja
– proces automatyczny?

Ponieważ z logicznych względów myśl o reinkarnacji nie pasuje do koncepcji nauk Kościoła, kościelni teolodzy malują wiarę w ponowne wcielenia w czarnych barwach, by łatwiej ją potępić. Twierdzą, że chodzi w niej o pewien proces mechaniczny czy też automatyczny, który nie jest do pogodzenia z godnością człowieka i z byciem dzieckiem Bożym. Reinkarnacja jest jednak ściśle związana z prawem siewu i zbioru, o którym poważany przez Kościół apostoł Paweł mówi: *Nie łudźcie się: Bóg nie pozwoli z siebie szydzić. A co człowiek sieje, to i żąć będzie.* (*Gal* 6,7)

Inaczej mówiąc: Człowiek zbierze to, co sam wcześniej zasiał. To, co nas w tym życiu spotyka, sami spowodowaliśmy – być może w poprzednim życiu. Dziś możemy to rozpoznać i przy pomocy Chrystusa Bożego oczyścić. Czy nie jest to wielka łaska? Możemy być wdzięczni, że Bóg daje nam ciągle nową szansę, żebyśmy się uwolnili i oczyścili ze swoich obciążeń – a nie, jak mówią nauki Kościoła, daje nam do dyspozycji tylko jedno życie, w którym miałoby się wszystko raz na zawsze rozstrzygnąć.

Zasada reinkarnacji nie ma nic wspólnego z „samozbawieniem", które uważałoby Czyn Zbawczy Nazarejczyka za zbędny. Przeciwnie: Właśnie

Czyn Zbawczy Chrystusa Bożego sprawia, że jesteśmy w stanie wciąż na nowo się podnosić z kolejnych upadków i wciąż od nowa zawracać wewnętrznie, by stopniowo, z inkarnacji na inkarnację rozwijać się wyżej przez spełnianie Jego woli.

Duch Boży mieszka w każdym człowieku

Prawdziwe chrześcijaństwo polega na absolutnej wolności w Chrystusie. Oznacza przyłączenie się do Chrystusa, gdyż On, Jezus z Nazaretu, prosił ludzi, aby poszli w Jego ślady. Pójście w Jego ślady to nie tylko przyjmowanie Jego nauki, ale i stosowanie jej na co dzień. Z tego wynika Wewnętrzna Religia, Wewnętrzne Chrześcijaństwo. Duch Boży jest bowiem wewnątrz każdego człowieka!

Prawdziwi chrześcijanie są świadomi tego, że każdy człowiek jest świątynią Boga, i że mieszka w nim Duch Boży. Ponieważ Duch Boży jest w sednie duszy, prachrześcijanie kierują się do wnętrza. Modlą się do Chrystusa Bożego w swojej duszy.

34

Po co więc zewnętrzna religia, zewnętrzne chrześcijaństwo? Po co kościoły z kamienia, kiedy każdy człowiek jest świątynią Boga i może bezpośrednio modlić się do Chrystusa Bożego? Żeby zatopić się w swoim wnętrzu i modlić się z całego serca, warto udać się do cichego, spokojnego kącika – bogato zdobiony kościół z kamienia nie jest do tego potrzebny. Tego nauczał już Jezus z Nazaretu. Jeden z Jego uczniów, Stefan, potwierdza to: *Najwyższy jednak nie mieszka w dziełach rąk ludzkich. (Dz. Ap. 7,48)*

W świetle tego, musimy zadać sobie pytanie: Dlaczego istnieje tyle kościołów z kamienia z niezliczonymi skarbami; dlaczego istnieje tak wiele katedr i innych zdobionych złotem „domów Boga"? Uświadommy sobie: Bóg nie mieszka w kościołach z kamienia, On mieszka w każdym człowieku.

Zewnętrzna religia, religia kościelna, trzyma człowieka w niewoli. Ma swoje kanony, dogmaty, obrzędy. Jest instytucją kultu, rytuałów, a wreszcie instytucją, która głosi, że człowiek nie przestrzegający obrzędów i nakazów kościelnych jest przez Boga na wieki potępiony, to znaczy ciąży na nim klątwa nieskończonej męki piekielnej i odrzucenie go najdalej od Boga. W królestwie Bożym nie ma wiecznego potępienia. Groźba „wiecznego potępienia", czyli ewangelia nienawiści mogła opanować wiernych Kościoła tylko dlatego, że Kościół wypierając wiedzę o reinkarnacji zaprzeczył zarazem istnieniu łaski Bożej, a dzieci Boga, ludzi, pchnął w otchłań zagubienia bez pociechy i pomocy.

Twierdzenie teologów, że ponowne wcielenie jest czymś automatycznym i nie przystoi dzieciom Bożym, jest niedorzeczne. Tak samo można by twierdzić, że cała przyroda jest czymś automatycznym. My, ludzie, jesteśmy z tej ziemi i należymy do matki Ziemi, a więc do przyrody. Gdyby całość zachodzących wydarzeń w przyrodzie była procesem automatycznym, to dotyczyłoby to też reinkarnacji. Jednak ani przyroda nie jest czymś automatycznym, ani reinkarnacja – przeciwnie reinkarnacja jest „prawem natury", które zawiera w sobie swobodę dalszego rozwoju poprzez kolejne inkarnacje, aby wreszcie zaoszczędzić sobie kolejnych wcieleń.

Przyroda daje nam przykład

Wyobraźmy sobie wiosnę. Z Matki Ziemi wydostaje się sok. Drzewa wypuszczają liście. Zawiązują się owoce. Lato przynosi czas dojrzewania. Pod koniec lata i jesienią przyroda wydaje owoce. Późną jesienią i zimą nastaje czas spoczynku. Te procesy nie są jednak czymś automatycznym, lecz rozwijaniem się i wycofywaniem, by powrócić do ponownego dawania. Podobnie wygląda to z nami ludźmi: Gdy fizyczne ciało umiera, dusza może powrócić, aby spełnić to, co jest wiecznym Prawem: dawaniem i otrzymywaniem; dawaniem duchowego owocu i otrzymywaniem wiecznego życia.

Jeżeli człowiek tych praw życia <u>nie</u> spełnił, to jego dusza jest w mniejszym lub większym stopniu gotowa wrócić na Ziemię, aby znieść to, co zbyt ludzkie, co blokuje dawanie i przyjmowanie, aż nauczy się dawania z życia i przyjmowania z życia i dzięki temu zdoła stopniowo powrócić do odwiecznego domu Ojca. Z automatyzmem nie ma to nic wspólnego, tu działa jedynie łaska Boga. W tej łasce nie ma miejsca na „wieczne potępienie", które wielu wiernych nadal jeszcze przykuwa do Kościoła; ono jest unieważnione. Przez to unieważniona zostałaby także instytucja kościelna, która przez wieki próbowała przywiązać do siebie dusze ludzkie groźbą wiecznego potępienia oraz obietnicą automatycznego zbawienia przez udział w zewnętrznych sakramentach.

Kto jako katolik lub protestant, nie wierzy w reinkarnację, musiałby wobec tego automatycznie wierzyć w wieczne potępienie – gdyż silnie obciążona dusza jest, według nauki Kościoła, wiecznie potępiona. To jednak nie zgadza się z łaską Boga! Grzeszna dusza może bowiem powrócić, aby stopniowo znieść swoją winę, uwolnić się dla życia, którym jest Bóg – i wstąpić w życie, którym jest Bóg, a więc do domu Ojca.

Czy jesteśmy marionetkami okrutnego Boga?

Skąd właściwie pochodzi dusza? Według nauki Kościoła nieśmiertelna dusza zostaje stworzona w chwili poczęcia. Ale przez kogo?

Nauka Kościoła wychodzi z założenia, że przy poczęciu współdziała do pewnego stopnia Bóg, aby stworzyć tę nieśmiertelną duszę. Nieco ironicznie można by stwierdzić, że Kościół widzi Boga w roli pomocnika w stwarzaniu ludzi. Jeśli zatem dwoje ludzi łączy się, żeby począć dziecko, to w tym akcie poczęcia powstaje nieśmiertelna dusza, ponieważ Bóg w nim uczestniczy.

Gdyby jednak Bóg współdziałał w poczęciu nieśmiertelnej duszy, wówczas On, Wszechwiedzący, wiedziałby też, że później w określonych warunkach pośle tę duszę na wieczne potępienie. – To byłby przecież mściwy Bóg!

Odnosi się to w jednakowym stopniu do nauki katolickiej i protestanckiej. W nauce luterańskiej dochodzi jeszcze następujący aspekt: Luter zakłada, że Bóg od samego początku wie, która w ten spo-

sób poczęta i stworzona dusza wyląduje w piekle, a która w niebie. Według jego nauki, wolność
człowieka tak naprawdę nie istnieje, raczej jest mu
z góry przesądzony los, który Bóg zna od samego
początku. – Okrutny Bóg!

Gdyby tak było naprawdę, nie bylibyśmy niczym
więcej niż marionetkami poruszającymi się bezwol-
nie według zamysłu jakiegoś nieobliczalnego Boga!

Według luterańskiej nauki Bóg jest jakby jeźdź-
cem dosiadającym ludzką duszę i zabiera jej, mając
nad nią pełna kontrolę, swobodę podejmowania
samodzielnych decyzji. Stąd następujący wniosek:
Luterańska nauka zaprzecza wolności i nie jest
zgodna z niemiecką konstytucją, która gwarantuje
wolność. Ten, kto neguje ludzką wolną wolę, neguje
też wolność podejmowania decyzji pomiędzy tym,
co dobre i złe, to znaczy pomiędzy przestrzeganiem
lub nie przestrzeganiem praw Bożych – a także
praw człowieka!

Gdyby w tym zakresie nauka Lutra była prawdą,
należałoby, kierując się zdrowym rozsądkiem, zadać
sobie pytanie: Jeżeli Bóg o wszystkim już za mnie
zadecydował, to po co ja jeszcze chodzę do tego

Kościoła? Ewangeliccy księża są naturalnie świadomi, że taki dylemat istnieje; dlatego wolą go raczej przemilczeć niż przedstawić wiernym. Muszą jednak liczyć się z tym, że ludzie skorzystają ze swego rozsądku, który otrzymali od Boga.

Luterańska nauka jest szczególnie nacechowana poglądem Lutra i Pawła, że sama wiara wystarcza, że nieważne jest praktykowanie chrześcijańskich czynów. Ale na co mi moja „właściwa" wiara, jeśli zaliczam się do tej godnej pożałowania części ludzkości, o której Bóg już wie, że trafi do piekła?

Mnóstwo paradoksów! A za to wszystko wiele osób płaci też pieniądze na Kościół, by wylądować w piekle, i za to, żeby ktoś zarobił, głosząc mi o tym kazanie.

Większość ludzi płaci podatki na Kościół bez świadomości tego, za jaką naukę płacą te daniny. Kościół luterański próbuje tę rażącą naukę swojego założyciela złagodzić i ubrać w piękne słowa. Większość protestantów nie zdaje sobie sprawy z tego, jaką poniżającą dla człowieka naukę Luter wniósł w ten świat, zaprzeczając ludzkiej wolności.

Skąd naprawdę przybywa dusza?

Dusza była pierwotnie nieobciążoną istotą duchową w królestwie Bożym. Ale kilka istot duchowych odwróciło się od Boga; one upadały i – mówiąc obrazowo – spadały w otchłań. Ten upadek zapoczątkowany więc został przez bunt przeciwko Bogu. Boskie istoty chciały być wszechobecne, chciały być równe Bogu. Ponieważ istnieje tylko <u>jeden</u> Bóg, <u>jedno</u> wszechobejmujące absolutne Prawo, to sprzeciw wobec Boga nie ma racji bytu. Kto się buntuje, wpada w skutki swoich własnych przyczyn i zbierze plon swojego siewu.

Upadłe dusze w dalszym przebiegu procesu upadku coraz bardziej się zagęszczały ze stanu duchowości, z subtelnej substancji w stan materialny, w ciężką powłokę. Dusza, nosząc jako człowiek materialną powłokę, przywiązana jest w swoim cielesnym pojeździe do prawa przyczyny i skutku, które ostatecznie sama stworzyła. Dopóki dusza w swoim fizycznym ciele podlega tym prawidłowościom, musi porządkować to, co wniosła przez swoje błędne postępowanie w kosmiczny Porządek. To właśnie wiele wyjaśnia i z pewnością jest sprawiedliwe. Nie można bowiem oczekiwać – czego często oczekują teolodzy – że Bóg w magiczny sposób wymaże to, co poszczególne dusze spowodowały swoimi zbyt ludzkimi, grzesznymi postępkami. Bóg darował swoim dzieciom wolność. Ta wolność w połączeniu z prawem przyczyny i skutku powoduje, że powinno się samemu uporządkować to, co się spowodowało.

Co by to dało, gdyby Bóg wymazał po prostu nasze grzechy? Gdyby na przykład wypełnił nagle skłonnego do przemocy człowieka pokojowymi uczuciami, czyli zdjął z niego jego winę, zanim ten człowiek zrozumiałby, czego dopuścił się wobec innych, zanim by poczuł skruchę i zadośćuczynił – co by to dało? Ten człowiek bez opamiętania się i bez własnych rozpoznań nie zmieniłby się; po pewnym czasie znów uciekłby się do przemocy. A gdyby Bóg swoją siłą utrzymywał człowieka w takim łagodnym nastroju – czy człowiek nie stałby się wtedy marionetką?

Wolność oznacza odpowiedzialność

Wolność dawana nam przez Boga oznacza więc jednocześnie wielką odpowiedzialność za własne życie. A jedno i drugie – wolność i odpowiedzialność – są dla Kościołów zagrożeniem, gdyż ludzie wolni i odpowiedzialni za swoje życie coraz rzadziej pozwalają, aby Kościół sprawował nad nimi władzę. Coraz więcej ludzi rozpoznaje, że Bóg jest Bogiem miłości i wolności a nie Bogiem karzącym.

Każdy człowiek decyduje ostatecznie sam o dalszej inkarnacji swej duszy albo o świadomym powrocie do domu Ojca. Dlatego Odwieczny nauczył nas przez Mojżesza Dziesięciu Przykazań. Dlatego przybył Jego Syn, Jezus, Chrystus. On nauczył nas miłości Boga i drogi powrotnej do Ojca. W swojej niezmiernej miłości do ludzi przyniósł nam wolność i światło. Pójdźmy do Chrystusa! Wejdźmy do swojej własnej świątyni, żeby się modlić – gdyż każdy człowiek jest świątynią Boga. Przestrzegajmy codziennie przykazań i nauk Jezusa, a w ten sposób unikniemy kolejnych wcieleń. Nie będziemy musieli się więcej wcielać, ponieważ nowa inkarnacja następuje jedynie wtedy, gdy nasze grzechy ściągają nas na Ziemię.

Często słyszy się: „Reinkarnacja? To nie jest chrześcijańskie!" A co jest chrześcijańskie? Chrześcijańskie jest spełnianie tego, czego nauczał Jezus z Nazaretu. I jeżeli nie robimy tego, czego uczył Jezus – pomyślmy o Jego Kazaniu na Górze lub Dziesięciu Przykazaniach, które dał nam Bóg przez Mojżesza – to jest niechrześcijańskie; to jest grzech, a my się obciążamy. Gdzie trafia obciążenie? Ono wchodzi w duszę i odpowiednio do tego wyglądają nasze tak zwane szaty świadomości. Cząsteczki czystego ciała duchowego porównać można do lśniących, duchowych pereł. Przez sprzeczne z Prawem myślenie i postępowanie, człowiek powoduje matowienie tych pereł w swojej duszy; obniża ich wibracje.

Gdy umieramy, dusza stopniowo wychodzi z fizycznego ciała. Zabiera ze sobą obciążone szaty świadomości – są to przetransformowane na niższy poziom siły świadomości; odtąd otacza ją taki fluid. Ponownie się inkarnując, dusza zamiast czystego światła wpromieniowuje w ciało te szaty – te „zmatowienia" z poprzednich inkarnacji. Te zmatowienia, te obciążone „perły" działają odpowiednio w naszym ciele; one nas naznaczają, a w dalszym życiu cechują znowu nasze myślenie i sposób życia.

Jeżeli żyjemy zgodnie z przykazaniami Bożymi i nauką Jezusa, Chrystusa, dalsze wcielenia nie są potrzebne. – Dlaczego? Ponieważ „perły" odzyskały blask, ponieważ wracamy do domu. To nie Bóg stworzył reinkarnację, lecz my sami, ponieważ zanieczyściliśmy swoje niebiańskie cząsteczki tym, co grzeszne i zbyt ludzkie. Zanurzyliśmy się w krainę cieni, zamiast udać się w kierunku światła.

Trzeba jeszcze raz wyraźnie podkreślić: Nie jest wolą Boga, żeby dusza przeżyła wiele inkarnacji. Jego wolą jest, żeby człowiek tu i teraz, w tym ziemskim życiu, oczyszczał duszę i ciało, żeby nie zachodziła konieczność dalszych wcieleń.

Pamiętajmy: To nie Bóg stworzył koło ponownych wcieleń, lecz my, ludzie. Bóg nie pragnie niczego innego, jak tego, aby Jego dzieci znowu były u Niego.

Odpowiedzialność rodziców

Z odwiecznego Prawa życia wiemy, że kiedy zostaje poczęte dziecko, z zaświatów zbliża się dusza. Wiemy też, że wszystko jest energią i że podobne przyciąga podobne. Przyszli rodzice przyciągają duszę o podobnej wibracji. Najczęściej oznacza to, że dziecko i rodzice mają ze sobą coś do oczyszczenia, co dla przyszłych rodziców wiąże się z wielką odpowiedzialnością. Oni muszą pamiętać, że przyciągają dziecko, które odpowiada ich genom. Dusza poczętego dziecka ma zapisane w swojej strukturze duchowych cząsteczek informacje zbieżne z tymi, które zawiera materiał genetyczny rodziców. Właśnie z racji tego podobieństwa, dusza przychodzi akurat do tych ludzi, którzy stają się teraz jej rodzicami.

Być może dzisiejsze dziecko było w poprzednich wcieleniach na przykład matką lub ojcem obecnych rodziców i jako członkowie rodziny stworzyli między sobą przyczyny, które ich karmicznie ze sobą związują. Teraz mogą wspólnie rozwiązać te więzy – dzisiaj, w tym życiu, ojciec, matka i dziecko. Kiedy to nastąpi, dziecko obierze zapewne własną drogę życia. Najpierw więc związani spotykają się w rodzinie, żeby uporządkować niejedno z tego, co zostało przyniesione, aby uwolnić się od swojej winy, aby zgodnie z nauką życia oczyścić swoje dusze tak, aby następnie każdy mógł udać się w dalszą drogę do domu Ojca. – Rodzice i dziecko są w rzeczywistości, z perspektywy odwiecznej Ojczyzny, braćmi i siostrami, a więc rodzeństwem; boskimi istotami Jedności w odwiecznym Bycie.

Gdyby rodzice byli świadomi tych duchowych związków, mogłyby powstać zupełnie nowe relacje między nimi a dziećmi, co umożliwiłoby im z pewnością inny sposób wychowania dzieci. Wiedzieliby wówczas, że przyciągnęło ich wzajemnie pewne podobieństwo, czyli wspólne, obustronne zadanie do wypełnienia. Taka baza wychowawcza przyniosłaby ulgę rodzicom, a także dziecku, bo stanowiłaby możliwość uwolnienia się od tego, co nałożyli sobie w poprzednich egzystencjach. Dusze stają się przez to bardziej świetliste, istoty ludzkie bardziej swobodne i łatwiejsza staje się decyzja zrobienia kolejnego kroku na drodze do wieczności.

Reinkarnacja nie wynika z przymusu, a jedynie z wolnej woli duszy! Im bardziej obciążona jest pozbawiona ciała dusza, tym silniej ciągnie ją do reinkarnacji, do ludzkiego ciała. Im bardziej świetlista jest dusza w ciele człowieka, tym mniejszą ma po śmierci chęć ponownego inkarnowania się, i tym usilniej stara się, jak najszybciej powrócić do wieczności, do Boga.

Ludzie nie spotykają się przypadkowo

Związki między wszystkimi ludźmi, którzy spotykają się w danej inkarnacji na ziemi, wyglądają podobnie, jak związek między rodzicami a dziećmi. Jest to niewątpliwie bardzo istotny aspekt reinkarnacji. Nie spotykamy przypadkowo pewnych ludzi w miejscu pracy, w miejscu zamieszkania, w klubie sportowym… Nie jest przypadkiem, że sprzeczamy się z sąsiadem, albo że się nam lepiej czy gorzej układa z tym czy innym znajomym. Możliwe, że spotykamy się teraz ponownie, aby skorzystać z okazji i odrobić nie załatwione zadania z wcześniejszych wcieleń. Jak? Traktując naszych współbraci na serio, na przykład przez wysłuchanie ich, a przede wszystkim przez przebaczanie sobie nawzajem.

Samo dopuszczenie myśli, że jakaś szczególna niechęć wobec danej osoby nie wynika wyłącznie z niemiłego zachowania tej osoby, lecz wypływa ze mnie na skutek wcześniejszej niechęci, ułatwia mi zawarcie z bliźnim pokoju i życie z nim w zgodzie. Im konsekwentniej wyszukuję swój własny udział w zdarzeniach, tym bardziej oczywiste będzie się stawać to, że tory wielu zdarzeń, które spotykają mnie na tej Ziemi, sam położyłem we wcześniejszych inkarnacjach. Nie muszą to być identyczne sytuacje, ale mogły to być podobne negatywne sposoby postępowania, którymi wyrządziłem innym krzywdę i z którymi jestem teraz konfrontowany. W pewnym stopniu dotyczy to całych narodów lub plemion, które stykają się ze sobą. Czy niektóre wielkie historyczne konflikty – na przykład walka między islamem a chrześcijaństwem, która wciąż wybucha nowym płomieniem – nie mają źródła w prastarych wojnach i w ludziach, którzy je niegdyś toczyli i dziś ponownie stają po przeciwnych stronach barykady?

Wiedza o reinkarnacji sprawia też, że łatwiej nam pohamować obarczanie winą bliźniego z zarzutem: „On jest zły i zdemoralizowany". Czujemy raczej, że może w danej sytuacji zachodzić coś, co daleko przekracza obecne ziemskie życie.

Ludziom współczesnym dostęp do nauki o reinkarnacji może otworzyć znane obecnie każdemu twierdzenie, że żadna energia nie ginie. Dlaczego mielibyśmy pomijać tę zasadę odnośnie energii myśli i uczuć? Czy wszystkie nasze uczucia, myśli i czyny mają po prostu rozpłynąć się w nicości? Prawo Boże stanowi o tym inaczej.

Bóg nie jest winien!

Bóg ukaże się nam w zupełnie innym świetle, gdy uwzględnimy, że to, co nas w tym życiu spotyka, często daje się sprowadzić do przyczyn sięgających wcześniejszych inkarnacji. Nie będziemy już tak łatwo oskarżać Boga, że dotknął nas tą czy inną „niesprawiedliwością", że akurat na nas spadł jakiś cios, a zastanowimy się raczej nad tym, na ile nasz obecny los wynika z negatywnych energii, które kiedyś wysyłaliśmy i które teraz do nas wracają.

Jeżeli zrozumieliśmy te zależności, to w ogóle przestaniemy oskarżać Boga. Zniknie nieobliczalny, mściwy Bóg rodem z nauki Kościoła, zgodnie z którą wielu księży w każdej wielkiej katastrofie widzi działanie karzącej ręki Boga, bo uświadomimy sobie, że byliśmy już kilkakrotnie na Ziemi i to, co nas spotyka, to stworzone przez nas samych przeznaczenie.

Nie znaczy to jednak, że wolno nam interpretować ciosy losu spadające na innych, czy wręcz wypominać im, że sami „są winni" swego losu. Takie podejście powoduje ponowne obciążenie się, pomijając już fakt, że nikt nie wie, co go jeszcze w życiu spotka.

Bóg zemsty – to Bóg Kościoła, a nie Bóg wszechświata, nie Bóg miłości. Jeżeli postrzegamy Boga jako mściwego, to Kościół ma nad nami władzę. Jeśli jednak kierujemy się do Boga miłości, to kierujemy się do Tego, który jest naszym Ojcem, co wszyscy chrześcijanie potwierdzają w modlitwie „Ojcze nasz". Wówczas już nigdy nie będziemy zdani na jakiegokolwiek człowieka lub na jakąkolwiek instytucję kościelną, lecz dotrzemy do Boga w nas, do kochającego nas Ojca, do Zbawiciela Chrystusa, który nas wspiera, żebyśmy znaleźli drogę do domu Ojca.

Jest jeszcze jeden pożytek z wiedzy o tym, że swój los przynosimy ze sobą z poprzednich egzystencji. Pozwala ona odkryć, że mamy możliwość oczyszczenia duszy, a po tym ziemskim bycie, możliwość powrotu do domu Ojca, do królestwa Światła, skąd wywodzą się nasze dusze. W efekcie dużo łatwiej jest nam przyjąć to, co się nam przytrafia.

Zaakceptowanie własnego losu – czyli nie zrzucanie winy za to, co się dzieje, na innych – nie jest równoznaczne z rezygnacją i poddaniem się biegowi zdarzeń! Los nie jest określony raz na zawsze; w całym życiu nie ma zastoju. Bóg chce, żebyśmy się stosowali do Jego przykazań i zasad <u>po to</u>, żeby wiodło nam się dobrze. Jeżeli skierujemy się na Niego i postaramy się żyć coraz bardziej zgodnie z Jego przykazaniami, to może zmienić się też nasz los – wtedy, kiedy to jest dobre dla naszej duszy.

Oczywiście, że czasami może się pojawić brak zgody na zrządzenia losu. Jesteśmy przecież tylko ludźmi i nie jesteśmy jeszcze doskonali. Mimo wiedzy, że sami stworzyliśmy swój los, buntujemy się jeszcze przeciwko niemu. Wiedza o duchowych zależnościach stopniowo zaczyna przemawiać nam do przekonania i zaczynamy rozumieć, że to, co nam dokucza, możemy odłożyć przy pomocy Chrystusa Bożego i uwolnić swoją duszę, by móc powrócić do światła jako istota zdrowa, radosna, świetlista, doskonała.

Duchowe zmiany w sferze doznań zmysłowych mogłyby w nas zaistnieć również w następujący sposób:

Nagle zaczynamy widzieć głębiej. Wsłuchujemy się w słowa bliźniego i potrafimy mu pomóc. Wyostrza się nasz węch, smak i dotyk, a doznawanie staje się coraz jaśniejsze, bardziej świetliste, mniej ograniczone. Płaszczyzna uczuć otwiera się; coraz dokładniej wyczuwamy, że jest w nas oddychająca coraz głębiej, coraz swobodniej świetlista istota, którą nazywamy duszą. Ona daje nam, swojej ziemskiej powłoce, impulsy: „Codziennie myśl o tym, żeby oczyścić to, co dzień ci sygnalizuje, co jest zbyt ludzkie i grzeszne, i pozwól Chrystusowi Bożemu prowadzić się z powrotem do domu Ojca. Idź z Nim krok po kroku, czyniąc to, czego chce Bóg, a nie to, czego chcą inni, na przykład Kościół!".

To jest wolność! To jest to życie, do którego powinniśmy dążyć. A czym jest właściwie życie? Czy to, co jest życiem, miało dzień narodzin? Czy „życie" czeka śmierć? Życie jest przecież Bogiem, a Bóg jest wieczny, tak więc i my, życie w Bogu, jesteśmy wieczni.

Życie jest Bogiem. Nikt nam nie może odebrać życia, gdyż Chrystus Boży jest drogą, prawdą i życiem. Jeżeli On, Chrystus, jest życiem we Wszechpotężnym, któż mógłby nam je odebrać?

To, co mnie drażni w bliźnim, często znajduje się też we mnie

Wiemy, że nie ma reakcji bez poprzedzającej ją akcji. Na tej zasadzie bazuje prawo przyczyny i skutku, zwane też prawem siewu i zbioru. Może się na przykład zdarzyć, że zirytuje nas człowiek, którego nawet nie znamy. Idziemy ulicą, a ktoś nadchodzi z przeciwka. Patrzymy na niego i czujemy irytację. Co jest tego powodem? Dziesięciu przechodniów mija nas, patrzymy im w oczy i nic się nie dzieje. A ten jedenasty nas denerwuje, mimo że go wcale nie znamy. Poniżamy go w myślach albo odczuwamy na przykład zazdrość. Co o tym mówi prawo reinkarnacji? Nie ma reakcji bez akcji! Ale skoro tu zachodzi reakcja, musiała kiedyś nastąpić akcja.

Ten człowiek poruszył w nas coś, co leżało w nas wcześniej. Mogą to być uprzedzenia lub inne negatywne myśli, które przez poprzednich dziesięciu przechodniów nie zostały wprawione w ruch. <u>Dlaczego</u> zdenerwował nas akurat ten jedenasty? Ponieważ energia tego dnia mówi do nas: „Teraz nadchodzi ktoś, z kim powinieneś oczyścić to, co teraz o nim negatywnego pomyślałeś".

Nie oznacza to, że mamy do niego podejść i mu o tym powiedzieć; chodzi o to, żeby przyznać: „Tu energia dnia coś mi pokazuje. Muszę przemyśleć, co mnie tak zdenerwowało, żeby rozpoznać, że jestem częścią tego, że w przeszłości tak lub podobnie myślałem, może nawet mówiłem lub postąpiłem wobec kogoś – niekoniecznie wobec tego, kto mnie zirytował". Czemu nie powinno się mówić bliźniemu, że się o nim źle myślało? On nie zna i nie wyczuwa naszych myśli. Gdybyśmy mu o nich powiedzieli, nasze słowa wywołałyby z kolei w nim myślową akcję, która nie posłuży ani jemu, ani nam. – Zaufajmy w tym przypadku raczej Chrystusowi, który działa tak w nas, jak i w naszym bliźnim!

Mamy teraz możliwość oczyścić to co negatywne w sobie, żałując za to i prosząc w ciszy o przebaczenie, staramy się nie dopuścić już takich lub podobnych myśli. Gdyby one natomiast powróciły, powinniśmy się ponownie nad nimi zastanowić. Kiedy jednak zredukujemy je stopniowo, dusza stanie się coraz bardziej świetlista, a my wydostaniemy się z tak zwanego koła ponownych wcieleń, aby kontynuować nasz powrót do domu w bardziej świetlistych obszarach.

Czy taka nauka nie jest wspaniała? To jest uwalniająca nauka, dawana z miłości Boga Ojca-Matki Jego dzieciom. Jak wyglądałby dziś świat, gdyby wielu ludzi znało tę naukę i stosowało ją w życiu codziennym? Istnieliby ludzie o wyższych, duchowych wartościach, myślący bardziej jasno i świadomie. Jednak człowiek stał się brutalny i wojowniczy, a nie nastawiony pokojowo. Każdy myśli tylko o swoich sprawach; mało kto jest otwarty dla bliźniego.

To, co teraz przeżywamy na Ziemi, jest plonem naszego ludzkiego siewu. Boska istota w każdym z nas pochodzi w rzeczywistości z odwiecznego Bytu, z wielkiej braterskiej Jedności. My, ludzie, nie przyjęliśmy jednak tego braterstwa. Każdy jest przeciwko każdemu, każdy chce drugiego oszukać. Gdy twierdzimy: „Nie jestem przeciwko bliźniemu", powinniśmy sprawdzić, jak wyglądają nasze myśli? Czy jednak częściowo nie są one skierowane przeciw bliźniemu? Bowiem i myśli są energiami, formami energii; one nie są „wolne", jak to się często mówi. Myśli są siłami, one pozostawiają w duszy ślady, które decydują o przebiegu prawa siewu i zbioru. Stajemy się tym, co wyryliśmy w duszy – a dusza przynosi to ze sobą w kolejne wcielenie, aż oczyścimy to co zbyt ludzkie i grzeszne. W ten sposób dusza wzmacnia się i możemy zrobić kolejne kroki na drodze powrotnej do odwiecznego królestwa Bożego.

Dlaczego Bóg do tego dopuszcza?

Ludzie często pytają: Dlaczego Bóg do tego dopuścił? Bóg dał nam wolną wolę! Jak On, który dał nam wolną wolę, może wtrącać się w naszą ludzką wolę, w naszą krnąbrność, w naszą złośliwość, w nasze łamanie Jego przykazań? My przecież robimy właśnie to, co chcemy! Dlatego On nie interweniuje. Jego łaska daje nam jednak możliwość zbliżenia się do odwiecznego Prawa miłości, jedności i wolności, poprzez oczyszczanie tego, co jest w nas zbyt ludzkie.

Jeśli przyjrzymy się wydarzeniom z kosmicznej perspektywy nieskończoności, to zauważymy, że w pewnym sensie Bóg jak najbardziej wkroczył – wprawdzie nie w prawo przyczyny i skutku, ale przez przysłanie swojego Syna, który przyniósł nam zbawienie. A czym jest zbawienie? Niczym innym, jak światłem w duszy, czyli ochroną duszy, żeby nie mogła upaść niżej i nie uległa unicestwieniu, jak uczą tego wschodnie religie.

Jezus, Chrystus, przyniósł nam przez swój Czyn Zbawczy ochronę duszy i zagwarantował nam tym samym drogę do domu Ojca. Nasze dusze nie mogą się już rozpaść, gdyż działa ochrona Chrystusa Bożego, ponieważ światło Chrystusa jest w naszych duszach i On zaprowadzi nas kiedyś z powrotem – wtedy, kiedy człowiek będzie tego chciał.

Skoro Chrystus przyniósł nam Czyn Zbawczy, to w jaki sposób ma się dokonać wieczne potępienie? I w tym wypadku można rozpoznać podwójną miarę teologów. Jak twierdzą, Chrystus „odkupił" wszystkie nasze grzechy przez Czyn Zbawczy. Jeśli jednak Jego „Dokonało się" od ręki uwolniło dusze wszystkich ludzi od grzechu, zdjęło z nich winę – to dlaczego nadal istnieją w tym świecie złośliwości, kłótnie, wojny, zabójstwa, wrogość? Przecież to są grzechy! Widać więc, że Jezus, Chrystus, nie zmazał tak po prostu grzechów jak twierdzi Kościół, lecz było i jest inaczej: On przyniósł naszym duszom energetyczną podporę, żeby one nie mogły się rozpaść. On jest w nas obecny jako Światło, jako Siła, jako Pomoc, żeby dusza się oczyściła i jako czysta istota duchowa powróciła wreszcie do odwiecznej Ojczyzny. – Tak więc cała nauka kościelna jest absurdalna.

Ten, kto uzna reinkarnację za prawdę, akceptuje też prawa przyrody i prawo siewu i zbioru. Wie, i to powinniśmy sobie wciąż na nowo uświadamiać, że łaska Boga polega na tym, że dusza może powrócić, aby oczyścić to, czym zanieczyściła siebie jako człowieka w poprzednich egzystencjach. Ma przecież przykazania Boże i nauki Jezusa, Chrystusa, po to, aby uwolnić się i dostąpić tego, co istoty duchowe mają w sobie: dawania i przyjmowania, ruchu życia.

Dlaczego Kościół neguje takie fakty? Pomyślmy logicznie: Gdyby kościelne instytucje były za reinkarnacją, wtedy runąłby cały ich dogmatyczny

„domek z kart", gdyż reinkarnacja jest łaską Boga. Reinkarnacja wyklucza zarówno „wieczne potępienie", jak i „karzącego Boga". Ona jest szansą dla duszy, aby ta mogła uwolnić się od obciążeń.

Może właśnie ta szansa uwolnienia się, dawana ludziom przez Boga, jest tym, do czego Kościoły nie chcą dopuścić? Chcą w każdym razie zatrzymać władzę nad duszami; ale w swej władzy mogą mieć jedynie tych ludzi, którym brak odwagi do samodzielnego myślenia. Dogmaty i reguły Kościołów tworzą mur wokół duszy, w której mieszka Iskra Boża, a ta bariera nie pozwala dziecku Bożemu zwrócić się bezpośrednio do swego Ojca. I właśnie te mury i bariery umożliwiły Kościołowi usunięcie nauki o reinkarnacji.

Bóg daruje wolność
– Kościół uczy „musisz"

Do pewników ludzkiej wiedzy należy przekonanie, że Bóg jest łaskawy, że respektuje naszą wolność i że ciągle zwraca naszą uwagę na możliwość skierowania się prosto do Niego. Ten pewnik, podstawa wolności, został zanegowany przez dogmaty Kościoła. W zamian stworzono gmach strachu – a człowiek, z obawy przed karą Bożą, zwraca się do Kościoła, a nie do Jezusa, Chrystusa, który powiedział: *Przyjdźcie wszyscy do Mnie, którzy utrudzeni i obciążeni jesteście, a Ja was pokrzepię. (Mt. 11,28)* Kościół raczej nikogo nie pokrzepia. Jedynie Jezus, Chrystus, jest Tym, który pokrzepia dusze i ludzi siłą życia.

Gdyby Bóg zobowiązał nas do przestrzegania kościelnych reguł, dogmatów, obrzędów, tradycji i tym podobnych, mógłby pozbawić mocy Dziesięć Przykazań i nauki Jezusa Chrystusa! Wystarczałyby wtedy przecież dogmaty kościelne. Ale boskie przykazania i nauki Jezusa, Chrystusa, nie przemawiają za, lecz przeciwko dogmatom, przeciwko tradycjom, przeciwko całemu systemowi nauki instytucji kościelnych. Kościół mówi „musisz"; mówi o wiecznym potępieniu; w przykazaniach Bożych mówi się „powinieneś". Bóg daje nam więc wolność podejmowania własnej decyzji, a nauki Jezusa, Chrystusa, są dla nas, ludzi, stałymi pomocami, które możemy przyjąć w pełnej wolności.

Przykazania kościelne nie są w zasadzie „przykazaniami", lecz przymusem. Bóg wolności nie zna żadnego przymusu. Również w Kazaniu na Górze Jezusa nie ma cienia przymusu, a tym bardziej groźby.

Przez to Kościoły wykluczają Dziesięć Przykazań. Już swoim „musisz" odwracają się od przykazań, od pomocnej dłoni Boga, który mówi nam: „powinieneś".

Prawdziwa Nauka Jezusa z Nazaretu zaciemniana była przez stulecia przez kościelnych zwierzchników, czyli była ukrywana przed ludźmi z całym Jej zasięgiem i głębią. W związku z tym Bóg jeszcze raz wkroczył. Ponownie przysłał w naszych czasach wielkiego proroka nauczającego. Przez Gabriele, ambasadorkę i prorokinię Boga, ponownie zostało powołane do życia prachrześcijaństwo – i przez nią płynie potężny prachrześcijański strumień w świat, prawdziwe życie w słowie, a także w czynie.

Dokąd idzie dusza?

My, ludzie, jesteśmy wcielonymi istotami duchowymi. Nosimy w sobie dusze, a w głębi duszy istotę boską, która pochodzi od Boga. Gdy fizyczne ciało umiera – dokąd wtedy idzie dusza?

To jest bardzo istotne pytanie, które dla większości ludzi jest równoznaczne z wielką niewiadomą. Gdy czytamy nekrologi w gazetach, widzimy jak bardzo ludzkość zmaga się z problemem: Co nastąpi po tym ziemskim życiu?

Niektórzy sądzą, że trafia się natychmiast do Boga. Inni uważają, że nastaje teraz wieczny odpoczynek, a zmarły istnieje dalej, nie czując żadnego bólu. A może istnieje tylko w czynach, jakich dokonał za życia, żyjąc w pamięci potomnych? Tego po prostu się nie wie.

Dzięki proroctwu Bożemu Gabriele, dowiadujemy się, co dzieje się po naszym ziemskim życiu: Zmieniamy jedynie swój stan skupienia. Dusza żyje dalej, tak jak żyła na tej ziemi – ze swoimi pozytywnymi i negatywnymi właściwościami. Zabiera je ze sobą tam, gdzie z kolei staje przed pytaniem, co z nimi zrobić: Czy dalej rozwijać się w zaświatach, czy też ponownie inkarnować się, żeby w kolejnym ziemskim życiu szybciej się oczyścić?

Zaświaty, w których przebywają dusze, składają się z częściowo zagęszczonych układów słonecznych, w tym ze światów półmaterialnych i światów o bardziej subtelnej substancji. W tych światach o bardziej subtelnej strukturze, daleko poza naszym materialnym kosmosem, mieszkają dusze. Kiedy fizyczne ciało umiera, dusza udaje się do któregoś z tych obszarów oczyszczania, do układów słonecznych o bardziej subtelnej strukturze. Zgodnie z aktywną powłoką duszy, czyli jej aktywną „szatą duchową", kieruje się ona automatycznie do tej planety, w której zakodowane i aktywne są jej błędne postępowania, które ją przyciągają.

Skąd się wzięły obszary oczyszczania, te światy z bardziej subtelnej substancji? I jak powstało zagęszczenie, materia z ciężkiej substancji?

Bóg jest miłością. Gdy zaczął się upadek, Bóg dał tak zwanym istotom upadku części duchowych ciał niebieskich, które przybrały odpowiednią powłokę. Po tym oderwaniu się od odwiecznego Bytu stały się one światami upadku; wtedy nie istniało jeszcze zagęszczenie aż do stanu materii. W tych światach upadku przebywały zbuntowane istoty. Do nich przybywali wciąż posłańcy światła, chcąc je nakłonić do powrotu. Wiele istot nie zdecydowało się wrócić, gdyż nadal chciały być równe Bogu, przez co coraz bardziej się zagęszczały. To postępujące odwrócenie się od boskiego dziedzictwa doprowadziło powoli do większego zagęszczenia gwiazd. Powstawały planety z coraz cięższej substancji, półmaterialne układy słoneczne, a wreszcie najbardziej zagęszczona materialna Ziemia, która jest obszarem mieszkalnym ludzi, bazą obciążonych dusz.

Człowiek jest niczym innym jak wielowarstwową szatą duszy, zagęszczeniem o emanacji odpowiedniej do obciążonych powłok duszy. Dlatego ludzkie charaktery są tak różnorodne. Etyczno-moralne wartości człowieka mają najniższy poziom w porównaniu z najwyższą etyką kosmicznego, odwiecznego Bytu.

Po śmierci ciała dusza przemieszcza się zatem w zaświaty. Jeżeli uda się ona na niższe obszary oczyszczania, ponieważ jest bardzo obciążona, to tkwi jeszcze w kole ponownych wcieleń. Jeśli stała się bardziej świetlista, to uwolniła się od koła ponownych wcieleń i wznosi się na wyższe obszary, tak zwane obszary przygotowawcze, żeby tam krok za krokiem podążać do domu Ojca.

Każdy wie, że żadna energia nie ginie. Dlatego nie giną również energie naszych pozytywnych lub negatywnych myśli ani energie naszych słów, naszego postępowania, całego naszego zachowania. Ponieważ energie pozytywne bądź negatywne działają, kształtujemy nimi odpowiednio swoje dusze. Te energetycznie wyryte ślady pozostają w duszy także po śmierci fizycznego ciała. Te ślady powlekają duszę; a takie powłoki duszy nazywamy „szatami" duszy.

W obszarach oczyszczania, dokąd dusza idzie po śmierci ciała, najpierw uaktywnia się szata Porządku, pierwsza szata duszy. Nieporządek w nas promieniuje i chce być uporządkowany. Dusza ciągle doświadcza tej „szaty", tego obciążenia i porusza się w tej szacie tak długo, aż uświadomi sobie, że może ją odłożyć.

Boskie istoty, czyści duchowi bracia i siostry, pouczają dusze i udzielają im pomocy w zdejmowaniu tych różnych, zbyt ludzkich, grzesznych szat. Im bardziej dusza bierze udział w uwalnianiu się z tych szat w obszarach oczyszczania, tym szybciej stanie się lżejsza i bardziej świetlista.

Następnie dusza podejmuje decyzję: Czy kontynuować proces oczyszczania w obszarach oczyszczania? Czy jeszcze raz się inkarnować, żeby odłożyć resztki tego, co grzeszne, ponieważ na Ziemi można ten proces przyspieszyć? Może też pozostać nierozsądna, mówiąc: „Nie wierzę w to, co mi tu mówią; mnie ciągnie na Ziemię". Na Ziemię, w kolejne wcielenie, może zejść wtedy, kiedy zostanie poczęte ciało, które odpowiada jej zakodowaniom, aktywnym powłokom duszy.

Dusza nosi wprawdzie różne szaty i różne obciążenia, ale na Ziemię ściąga ją to, co jest w niej aktywne. Na szykujący się bieg ziemskiego życia gotowa jest w materialnym wszechświecie tak zwana matryca, składająca się z przeróżnych zakodowań człowieka. Ta matryca ujawnia już wygląd człowieka i to, co będzie się działo z duszą w trakcie ziemskiego bytu.

Z tego wynika, że w obecnym życiu kształtujemy już w pewnym stopniu ciało i drogę życia swoich możliwych przyszłych inkarnacji na tej Ziemi. Tak dzieje się szczególnie wtedy, gdy człowiek nie stara się oczyścić duszy, lecz ciągle wykracza przeciwko Prawu miłości, wolności, jedności i braterstwa. Właśnie wtedy powstaje ta matryca: w materialnym wszechświecie powstaje energetyczny wzór ciała dla następnej inkarnacji.

Jak wyzwolić się z koła ponownych wcieleń?

Jak wydostać się z tego obiegu umierania, rodzenia się, pobytu w obszarach oczyszczania, ponownego rodzenia się i ponownej śmierci? Czy to się nigdy nie kończy?

Wręcz przeciwnie! Co odwieczny Ojciec dał nam przez Mojżesza? Przykazania. Można nimi mierzyć swój sposób myślenia i całego postępowania. Czy jest zgodne z przykazaniami? Następnie pojawił się Jezus, Chrystus, i darował nam siłę zbawczą. Swoim życiem i swoją nauką przybliżył nam kochającego nas Ojca, żebyśmy nauczyli się miłości, która jest naszą prawdziwą istotą. On nauczał nas Kazania na Górze. Dał wskazówki na życie w ziemskim bycie.

Nauka Jezusa, Chrystusa, to idealna instrukcja codziennego myślenia i życia. Zatem otrzymaliśmy cenne wskazówki: Dziesięć Przykazań i nauki Jezusa, Chrystusa. Jeżeli krok po kroku wprowadzimy w czyn te wskazówki, dusza się oczyści.

Najpierw odzywa się nasze sumienie i mówimy na przykład:

„Ciągle wykraczam przeciwko temu, czego nauczył mnie odwieczny Ojciec, przeciwko Jego przykazaniom. Występuję także ciągle przeciw naukom Jezusa, Chrystusa. Obciążam swoją duszę, która woła: „Uwolnij mnie!".

Jeżeli naprawdę z całego serca pragniemy się uwolnić i dać się prowadzić Jezusowi, Chrystusowi, do domu Ojca, to rozwija się w nas skrucha. Wtedy poprosimy naszego bliźniego, któremu wyrządziliśmy krzywdę, o wybaczenie; a jeśli nienawiść wysłaliśmy w myślach, również w myślach prosimy o przebaczenie.

Jeżeli zrobiliśmy coś, czym wykroczyliśmy przeciwko życiu zwierząt i roślin, a więc przeciwko przyrodzie, to jesteśmy zobowiązani prosić Stworzyciela o przebaczenie, gdyż są to Jego stworzenia. On nam przebacza. – Jeśli tego samego lub czegoś podobnego nie zrobimy już więcej, to dusza się oczyści i poczujemy, że stopniowo spełniamy Prawa życia, na przykład Dziesięć Przykazań.

Jest również prosta i bardzo skuteczna zasada: Nie czyń drugiemu, co tobie niemiłe – ani bliźniemu, ani zwierzętom, ani królestwom przyrody. – Jeżeli postąpimy zgodnie z tą zasadą, dusza stopniowo uwolni się od swoich obciążeń. Matryca, którą zbudowaliśmy, powoli rozpłynie się w kosmosie, a my coraz bardziej zbliżymy się do celu, do naszej ojczyzny w świetle.

Tu ponownie widać jak niedorzeczne jest mówienie o „karmicznym automatyzmie". Każdy z nas sam decyduje o tym, jak często będzie się jeszcze inkarnował na tej Ziemi. Nikt nie musi poddawać się „machinie znoszenia winy", jeśli zrobi to, czego nauczał Jezus z Nazaretu, i co ponownie jest ożywione przez proroctwo obecnego czasu.

Proroctwo Boże dane przez Gabriele przyniosło jasność odnośnie tak ważnego tematu jak „reinkarnacja". W książce *„Przyczyna i powstawanie wszystkich chorób",* objawieniu Chrystusa z roku 1986, możemy przeczytać: *Dusza może wcielać się i jako człowiek przejść wiele ludzkich żyć tak długo, aż – przez samorozpoznanie i urzeczywistnianie oraz przez przyjęcie Mojego Czynu Zbawczego – przejdzie duchową ścieżkę oczyszczania swojego niskiego ja i w ten sposób zwiększy działające w niej zbawcze światło. Każda dusza i każdy człowiek musi, wcześniej czy później – w tym lub w kolejnym ziemskim życiu, bądź jako dusza w obszarach oczyszczania – dokonać oczyszczenia duszy, by znowu stać się świadomie podobieństwem wiecznego Ojca.*

To oznacza, że kiedy dusza staje się bardziej świetlista i nie ciąży już ku Ziemi, może oczyścić się w obszarach oczyszczania, w zaświatach, żeby móc stopniowo wrócić do domu Ojca, do swej odwiecznej pre-egzystencji, do swej wiecznej pra-ojczyzny.

Ponownie i w tym poznajemy pomoc Pana: Ty nie „musisz" ponownie się wcielić, chyba że twoim życzeniem jest ponowna inkarnacja.

Jeżeli w świadomości duszy dominuje chęć życia w postaci człowieka, to ponownie podąży na Ziemię. Jeżeli jednak w duszy zaszedł już pewien proces oczyszczania, to Ziemia coraz mniej ją przyciąga. Ona sobie wtedy tłumaczy: „Jako dusza mogę oczyścić się również na jednym z obszarów oczyszczania". Proces oczyszczania dusz w tych obszarach jest jednak trudniejszy i dłuższy, szczególnie wtedy, gdy dusza jest bardzo obciążona. Często z tego powodu dusza woli inkarnować się, gdyż jako dusza w zaświatach musi doświadczyć cierpień i bólu, przeżywając i odczuwając wszystko, co jako człowiek uczyniła swojemu bliźniemu; jak go odwiodła od drogi; jak manipulowała nim i wpływała na niego, może nawet do tego stopnia, że dopuścił się czynów takich, jak zabójstwo. Dlatego właśnie Jezus, Chrystus, naucza pokoju.

Gdy takie aspekty winy uaktywnią się, dusza czuje przyciąganie do Ziemi. Jeżeli natomiast dusza jest znacznie wypełniona życiem w Chrystusie, to podąża jako człowiek drogą powrotną do domu Ojca. Nie odczuwa już bólu, który miała odcierpieć jako dusza. Jako człowiek rozpoznała w energii dnia, co powinna oczyścić, i oczyściła to jako człowiek zanim pojawiły się cierpienia i ból, zanim człowieka dotknęła choroba. W ten sposób dusza oczyszcza się i kieruje do nieba, ku stronom rodzinnym, do swego źródła.

Rozpoznajmy i w tym łaskę Pana: Poprzez energię dnia otrzymujemy impulsy – w pewnych warunkach całe miesiące, a nawet lata przed pojawieniem się jakichkolwiek cierpień lub chorób – że powinniśmy pożałować i oczyścić to, co negatywne, żeby to, co jest w duszy, zawczasu wymazać, i zamiast poddawać się wyrokom losu, zmienić je zanim na nas spadną. Czy to nie jest łaską?

Jest to nauka niosąca nadzieję, optymizm i pocieszenie. Nauczana była – jak już wspomniano – przez Orygenesa w trzecim stuleciu. W szóstym stuleciu potępiono i przeklęto tę naukę na soborze w Konstantynopolu. Potępiono nie tylko naukę Orygenesa – o tym, że dusza istniała już przed urodzeniem – lecz także jego optymizm: że ostatecznie wszystko kończy się dobrze, gdyż wszystko powraca do Boga. Jednak i to Kościół potępił, żeby móc grozić piekłem.

Wtedy więc zaszło to diabelskie, brzemienne w skutkach przestawienie zwrotnic. A dziś objawia się Duch Boży i poucza ludzkość o tym, że nauka Jezusa z Nazaretu jest nauką zbawiającą od wszelkiego ludzkiego zła, nauką prowadzącą do myślenia i życia w Duchu Bożym. On mówi nam, że wszystko powróci do Boga czyste, pełne światła i siły, tak jak zostało stworzone przez Boga.

Co Chrystus osiągnął swoim Czynem Zbawczym?

Dlaczego Jezus, Chrystus, umarł?
Swoim Czynem Zbawczym Jezus zapobiegł dalszemu rozpadaniu się wszystkich form. To jest decydujące przesłanie, które przez proroctwo naszego czasu znowu jest przekazywane ludziom.

Chrystus nie umarł jako baranek ofiarny przeznaczony dla gniewnego Boga jak to przedstawiają Kościoły, lecz żeby dochować wierności swojemu zadaniu wobec Ojca, ponieważ ludzie nie przyjęli Jego nowiny. Żeby zahamować dalszą degenerację ludzkości, przekazał wszystkim duszom i ludziom swoją miłość w postaci iskry zbawczej. W ten sposób dał każdemu człowiekowi i każdej duszy siłę, by w wolności powrócili do Boga. Chrystus zatem ani nie czarował, ani nie zmazał naszych win, lecz swoją siłą zbawczą dał nam możliwość samodzielnego działania przez skierowanie się do Niego.

Boskie istoty, które zwróciły się przeciw Bogu, dążyły do zlikwidowania wszystkich stworzonych przez Boga form, a więc wszystkich boskich istot, niebiańskiej przyrody, rodzinnych planet, na których żyły istoty boskie. Istoty przeciwne Bogu chciały też doprowadzić do usunięcia dualności. Dualność jest połączeniem dwóch żyjących w Bogu duchowych istot, które wydają na świat kolejne boskie istoty, żeby ożywić i dalej rozbudować królestwo Boże, żeby czerpać i tworzyć dla królestwa Bożego, dla niebiańskiej ojczyzny. Zamiarem kilku boskich istot było wymazanie tego Porządku i Prawa boskiego wszechświata. Ich zamiarem było, aby wszystko, co zostało stworzone, rozpłynęło się ponownie w Prastrumieniu, z którego Odwieczny stworzył duchowe, boskie, czyste formy – uformowane, wieczne, boskie Prawo miłości. – A dlaczego tego chciały? Nie chciały być dziećmi Boga, lecz same chciały być Bogiem, wszechobecnym i stwórcą.

Możemy więc powiedzieć, że „grzech pierworodny" jest grzechem upadku, destrukcją form. A Jezus, Chrystus, wziął ten „grzech pierworodny" na siebie, mówiąc: Nie dojdzie do tego! Ja rozwiążę ten grzech pierworodny, używając części Mojego bosko-duchowego dziedzictwa, przekazując każdej duszy światło odwiecznej ojczyzny i otaczając ją ochroną, tak że już nie będzie mogła się rozpaść. – Tym czynem Chrystus uchronił ojczyznę, odwieczny dom, a każdej duszy podarował drogę powrotną do wnętrza, do swojej pierwotnej boskiej istoty.

Od czasu „Dokonało się" Chrystusa Bożego na Golgocie, przeciwnik Boga, demon, przegrał swoją bluźnierczą grę. Chrystus był Wybawcą i jest Wybawcą do dnia dzisiejszego:

Boskie istoty i boskie dary stworzenia, niebiańskie formy bytu, dawane z Jego miłości, nie mogą już, od momentu Czynu Zbawczego Jezusa, Chrystusa, ulec rozkładowi. W tym celu użył On dużej części swojego boskiego dziedzictwa, które odtąd jako iskry zbawcze są w naszych duszach. Ta iskra chroni boską istotę, duszę w nas.

Chrystus nie wziął na siebie naszych grzechów, ale pomaga nam w ich rozpoznawaniu, żałowaniu za nie, oczyszczaniu ich i nie czynieniu ich więcej. On pomaga nam – każdemu z nas – ucząc nas stale przestrzegania przykazań Bożych, zgłębiania nauk Kazania na Górze i stosowania ich, żeby w ten sposób oczyścić się i powrócić do źródła, do wiecznej ojczyzny. Pójście śladami Chrystusa w myślach, słowach i czynach i kierowanie się do Niego, do wewnętrznego Ducha, poprzez nawiązywanie z Nim komunikacji – to jest Wewnętrzna Religia. Wewnętrzna Religia, Wewnętrzne Chrześcijaństwo oznacza więc korzystanie z dni zgodnie z zamysłem odwiecznego Ducha, oddanie Bogu czci i spełnianie w ten sposób Jego woli.

Modlitwa jedności, Ojcze nasz, rozpoczyna się słowami: *Ojcze nasz, który jesteś w niebie, święte jest imię Twoje! Nadchodzi królestwo Twoje, staje się wola Twoja, jak w niebie tak i na ziemi.* – To jest absolutna wypowiedź Jezusa, Chrystusa. W ten sposób powiedział nam: Ty powrócisz znowu do Boga, przez działanie odwiecznego Ojca, przez Jego Syna, przez Zbawienie.

My wszyscy powrócimy znowu do Ojca, od którego odeszliśmy, gdyż w każdym z nas jest świetlista istota. Ona wróci do domu Ojca. Bóg nie tworzy duszy; On stworzył istotę światła, która znajduje się głęboko w duszy. Dusza oczyszcza i uszlachetnia się – i co się wtedy pojawia? Z kokonu wyłania się istota światła.

Każdy z nas jest świątynią Boga. Bóg mieszka w nas. Im bardziej będziemy spełniać wolę Boga, urzeczywistniając Jego Prawa życia, przykazania oraz nauki Jezusa, Chrystusa, tym bardziej zbliżymy się do naszego niebiańskiego Ojca, tym konsekwentniej dajemy się prowadzić Zbawicielowi – uwalniamy się z koła ponownych wcieleń i udajemy się do królestwa Światła do Tego, który ujrzał i stworzył nas przed prawiecznością.

Wielkim pocieszeniem dla nas, ludzi, jest to, że po ziemskim życiu – o ile przestrzegało się przykazań i prawidłowości Boga – dusza może wstąpić na drogę powrotną, gdyż już Chrystus przyrzekał nam: *W domu Ojca Mojego jest mieszkań wiele. Gdyby tak nie było, to bym wam powiedział. Idę przecież przygotować wam miejsce. A gdy odejdę i przygotuję wam miejsce, przyjdę powtórnie i zabiorę was do siebie, abyście i wy byli tam, gdzie Ja jestem.* (Jan 14, 2-3)

Mieszkania w naszej ojczyźnie stoją więc wolne; nasze duchowe rodziny czekają na nas. One tęsknią za nami; tęsknią za wielką kosmiczną jednością w domu Ojca. A ten dom ojczysty jest tym nieskończenie wielkim królestwem Bożym! Siła Boża promieniuje na nas; dlatego wciąż pojawiali się prorocy i nauczali ludzi: *Zawróćcie! Skierujcie się do Boga. Bóg jest miłością. Ojciec was kocha. On kocha swoje stworzone dziecko!*

Byłby to okrutny Bóg, gdyby nas karał lub posyłał na wieczne potępienie! Jednak nie – On jest naszym Ojcem, który nas kocha. Jedynie *my sami* możemy siebie ukarać. Przez co? Udając się w mroczne obszary bytu, z dala od Boga – przez swoje własne ponure myśli, słowa i czyny, pozostające w sprzeczności z Prawem życia, z naszym prawdziwym boskim dziedzictwem, które jest ofiarną miłością. Ale i ta ciemność powstała z naszej własnej winy nie będzie trwać wiecznie, gdyż wieczne potępienie nie istnieje! Być może czeka nas przez długi czas ponury żywot, o ile nam taki odpowiada. Ale Bóg jest Światłem! Światło jest Miłością, a Miłość jest Ciepłem – to jest Bóg, nasz Ojciec! On jest Bogiem Ojcem-Matką. Kocha nas i woła. Przysłał do nas swojego Syna, współrządcę niebios, aby przekazał nam częściową siłę z prasiły, część Jego boskiego dziedzictwa jako wsparcie na drodze powrotnej do wieczności. Tym wsparciem jest Chrystus, światło zbawcze w nas.

Wielu ludzi obawia się śmierci – dlaczego? Tak naprawdę nie jest to obawa przed umieraniem, lecz podświadoma obawa przed własnym grzechem. Kiedy dusza powoli opuszcza konające ciało, niejeden człowiek uświadamia sobie, czym wykroczył przeciwko swojemu prawdziwemu życiu, przeciwko swojemu duchowemu dziedzictwu. W tym tkwi obawa przed umieraniem, przed śmiercią.

Wszystkim naszym współbraciom, którzy są naszymi braćmi i siostrami, pragniemy powiedzieć: Wsparcia, bezpieczeństwa i pomocy nie można znaleźć na zewnątrz! A już na pewno nie w pseudochrześcijańskich instytucjach kościelnych. Dlatego: Wyjdźmy z domów z kamienia, nazywających się kościołami! Przecież my sami jesteśmy świątynią Boga! Jeżeli więc Bóg nam przyświeca, jeżeli w nas jest boska istota, jeżeli jesteśmy dziedzicami królestwa Bożego, to co należy zrobić? Modlić się i urzeczywistniać to, o co się modlimy. Wówczas spełni się to, co zapisane jest w naszych sercach: Jesteśmy wiecznym życiem, ujrzanymi przez odwiecznego Ojca, który nas kocha, który nas woła, który przysłał swojego Syna, naszego boskiego Brata, żebyśmy się nauczyli rozumieć, że boska siła jest w nas, a my

– każdy z nas – jesteśmy świątynią Boga. Głęboko w duszy jest wielka boska istota.

Im bardziej się oczyścimy, tym lżej będziemy umierać, kiedy nadejdzie nasza godzina, gdyż poczujemy, że Chrystus bierze nas za rękę i prowadzi nas krok za krokiem do domu Ojca. Koniec z inkarnacjami – udajemy się prostą drogą z powrotem do królestwa Bożego!

Przypisy końcowe

1. Bruder Jesus, dtv-Taschenbuch, München 1977, S. 25
2. Des Evangelium des Pistis Sophia, herausgegeben von C.M. Siegert, Bad Teinach-Zavelstein 1991, 2. Auflage. S. 234
3. K.O. Schmidt, „Kehret wieder Menschenkinder", 1970, S. 42
4. Lib. 1, Adversus Jovinian
5. Jovinianum II, 6
6. H. Bauer. „Wiedergeburt", 2. Aufl. 1998, S. 127
7. Origenes, Joh. Komm. VI, 13.74
8. Origenes, Peri Archon, II,9,7
9. H. Bauer, „Wiedergeburt", 2. Aufl. 1998, S. 145
10. ebenda, S. 142
11. Robert Sträuli, „Origenes, der Diamantene". Zürich 1987, S. 317
12. Ebenda, S. 335

Każdy musi umrzeć sam
Żyć i umierać, żeby żyć dalej

Książka ta zainteresuje każdego, kto chciałby pozbyć się lęku przed śmiercią i przeżywać świadome życie – bezpieczeństwo, pogodę ducha i wewnętrzną stabilność – ponieważ, jak pisze Gabriele: „Kto uczy się rozumieć swoje życie, nie musi bać się już śmierci".

Czytelnik znajduje wyjaśnienia dotyczące nieznanych dotąd związków między życiem i śmiercią, o sprawności i stanie duszy w różnych sytuacjach umierania i o tym, co może oczekiwać w zaświatach dusza człowieka po przejściu „tam", w zaświaty.

160 stron, ISBN 83-89460-12-2, cena 18 zł

Twoje życie na ziemi
jest twoim życiem w zaświatach

Jak tam będzie? W zaświatach są jasne, piękne światy, ale też i mroczne krainy cierpienia. Nasza dusza nie staje się ani ciemniejsza, ani jaśniejsza. Każdy człowiek określa poprzez swoje myślenie, czucie i wolę jak będzie wyglądało jego życie w zaświatach.

112 stron, ISBN 83-911929-2-X, cena 15 zł

Samotność w partnerstwie i małżeństwie?

Samotność na starość?

Życie w jedności!

Nie jesteś sam – BÓG jest z Tobą

Dlaczego szczęście nigdy nie jest długotrwałe? Ponieważ prawdziwe korzenie naszej tęsknoty leżą głębiej i zawsze znajdują tylko częściowe spełnienie w tym dostrzegalnym przez nas świecie. Wskazując na wiele ćwiczeń i wyjaśnień, Gabriele zachęca nas do odszukania prawdziwego, świadomego życia, które przynosi nam szczęście, zadowolenie i pokój z samym sobą i z naszymi bliźnimi.

176 stron, ISBN 83-89460-13-0, cena 18 zł

Przesłania Prawdy

Fragmenty książek z boskiej Mądrości

- Pocieszenie w potrzebie i cierpieniu
- Nie jesteś sam
- Spełnione życie również w podeszłym wieku
- Kazanie na Górze – droga do spełnionego życia
- Ja.Ja.Ja. Pająk w pajęczynie
- To jest Moje Słowo. A i Ω
- Jezus i zwierzęta

Z przyjemnością prześlemy Państwu
aktualny katalog wydawniczy i materiały bezpłatne.

www.gabriele-wydawnictwo.com

www.gabriele-publishing.com

www.ingramcontent.com/pod-product-compliance
Lightning Source LLC
LaVergne TN
LVHW011047200726
843509LV00011B/1363